SUR L'INDÉPENDANCE

DE

SAINT-DOMINGUE,

ET SUR L'INDEMNITÉ

DUE AUX ANCIENS HABITANTS DE CETTE COLONIE.

IMPRIMERIE DE C. J. TROUVÉ,
rue des Filles-Saint-Thomas, n. 12.

SUR L'INDÉPENDANCE

DE

SAINT-DOMINGUE,

ET SUR L'INDEMNITÉ

DUE AUX ANCIENS HABITANTS DE CETTE COLONIE.

(ARTICLES EXTRAITS DE L'ARISTARQUE FRANÇAIS.)

A PARIS,

CHEZ

C. J. TROUVÉ, Imprimeur-Libraire, rue des Filles-Saint-Thomas, n° 12.

PONTHIEU, Libraire, Palais-Royal, galerie de bois.

DELAUNAY, Libraire, Palais-Royal, galerie de bois.

1826.

SUR L'INDÉPENDANCE

DE

SAINT-DOMINGUE,

ET SUR L'INDEMNITÉ

DUE AUX ANCIENS HABITANTS DE CETTE COLONIE.

PREMIER ARTICLE. — *Du 7 mars 1826.*

M. Pardessus vient de faire son rapport à la Chambre des Députés, sur le projet de loi relatif à la répartition de l'indemnité de *cent cinquante millions*, destinée aux anciens colons de Saint-Domingue.

La haute importance de la discussion qui va s'ouvrir, à l'occasion de ce rapport, nous donne le droit, comme à tous les Français, disons-le même, nous impose le devoir de publier notre opinion, pour peu que nous nous flattions de pouvoir répandre la lumière sur un sujet dont les auteurs du projet de loi n'ont peut-être pas reconnu toute la gravité. Hâtons-nous donc de marcher en éclaireurs dans la carrière épineuse, où bientôt nous serons suivis par les orateurs les plus distingués des deux Chambres : heureux, si nous parvenons à bien déterminer les principaux points sur lesquels doit porter le débat, et à indiquer de justes motifs de décision !

Nous traiterons successivement les quatre questions suivantes :

1°. La mesure qui a été prise pour établir l'indépendance de notre colonie de Saint-Domaingue, étoit-elle autorisée par la forme actuelle du Gouvernement de l'État ?

2°. Convenoit-il de reconnoître cette indépendance ?

3°. Quels pourront en être les résultats ?

4°. Dans tous les cas, a-t-on fait en faveur des anciens colons, ce qu'exigeaient la justice et le respect pour la propriété ?

Nous ne nous dissimulons pas que la première de ces questions est d'une extrême délicatesse, puisqu'il s'agit de rechercher si la Charte constitutionnelle qui nous fut octroyée à l'époque de la restauration, n'a pas restreint dans certaines limites l'exercice de la prérogative royale, notamment en ce qui concerne la faculté d'aliéner une portion quelconque du territoire du royaume. À Dieu ne plaise qu'on puisse nous supposer l'intention de contester les droits de souveraine puissance que l'auguste fondateur de notre monarchie représentative s'est formellement réservés pour lui-même et pour ses successeurs ! Mais, placés, ainsi que nous le sommes, sous l'empire de la Charte, à laquelle nous avons fait serment d'obéir, devons-nous regarder comme illusoires et comme n'entraînant aucune conséquence, les concessions qui ont été volontairement faites par l'autorité souveraine, pour investir d'une partie de cette autorité les grands corps de l'État ? Pouvons-nous présumer que S. M. Charles X, ce prince loyal et plein d'honneur, ce roi-chevalier, veuille aujourd'hui méconnoître la maxime du droit français : *Donner et retenir ne vaut?* Non, sans doute... Eh bien! si nous avons lieu de croire que la mesure prise à l'égard de Saint-Domingue n'étoit pas autorisée par la forme actuelle du Gouvernement; si nous nous sommes convaincus, par nos méditations, que, dans cette circonstance, la prérogative royale a été portée au-delà de ses limites constitutionnelles, ne pourrions-nous, sans manquer de respect au Roi, démontrer au public et aux Chambres que les ministres qui ont conseillé et exécuté la mesure se sont écartés de leur devoir? Nous avons souvent dit, et nous ne saurions trop répéter que les fautes des ministres ne font jamais mal penser du monarque; un roi peut être trompé, sa religion peut être surprise ; mais ce n'est jamais sciemment qu'il tombe dans l'erreur, parce qu'il n'a d'autre intérêt en vue que l'amour de son peuple et l'honneur de son règne.

Après cette déclaration sincère et solennelle de nos sentiments, ne craignons plus d'entrer en matière.

Organes fidèles de l'opinion royaliste, nous exprimâmes avec quelque chaleur l'étonnement dont toute la France fut saisie le jour où *le Moniteur* fit connoître l'ordonnance du 17 avril 1825, et l'exécution que cette ordonnance venoit de recevoir à Saint-Domingue. Nous dîmes qu'on regardoit généralement cette opération du ministère comme portant une atteinte intolérable à l'ordre établi pour la coopération des trois grands pouvoirs de l'État à certains actes de l'autorité souveraine, qui, d'après la Charte constitutionnelle, ne dépendoient plus uniquement de la prérogative royale. Nous dîmes que la colonie de Saint-Domingue étant une partie intégrante du royaume de France, ne pouvoit cesser de l'être que du consentement exprès des propriétaires du sol, et par l'effet d'une décision émanée de la France entière ; décision qui devoit être rendue concurremment par le Roi et par les Chambres, comme jouissant en commun du droit de faire des actes de cette nature au nom de la France. Nous ajoutâmes : « Il faudra voir comment le ministère essaiera, dans la prochaine session des Chambres, de justifier une mesure si extraordinaire, déterminée sans leur participation, *et à leur insu, pendant la session de 1825!* » Tous les autres journaux indépendants de l'influence ministérielle firent à peu près les mêmes observations.

Dès-lors, M. de Villèle, que tout le monde sait bien avoir été le promoteur de cette entreprise inconsidérée, M. de Villèle, disons-nous, dut se tenir pour suffisamment averti qu'il ne pourroit éviter une explication devant les Chambres dans la session de 1826 : et probablement il a éprouvé quelque embarras pour s'y préparer ; car combien d'efforts n'a-t-il pas faits afin de retarder la réunion des Chambres ?

Quoi qu'il en soit, voici le moment de l'explication devant la Chambre élective ; et déjà nous avons pu voir, par ce qui s'est passé à la séance du 11 février (1), avec quel laconisme M. de Villèle s'est exprimé sur la question de la *prérogative royale*, en présentant le projet de loi relatif à la répartition de l'indemnité. « Messieurs, a-t-il dit, le sort de Saint-Domingue a été fixé par l'ordonnance royale du 17 avril

____

(1) Voir *l'Aristarque* du 12 février dernier.

dernier. Cette ordonnance stipule des arrangements commerciaux avantageux au pays , et le paiement d'une indemnité de 150 millions en faveur des anciens colons, en même temps qu'elle conserve aux habitants actuels l'indépendance de leur Gouvernement. Dans cette circonstance, le Roi *a usé de son droit de faire des traités , et de rendre des ordonnances nécessaires à la sûreté de l'État.* » .

Ainsi, d'après ce langage, il ne peut y avoir de question à discuter : le ministre déclare, dans les termes les plus positifs , que le Roi *a usé de son droit de faire des traités*, etc. L'affaire est consommée : les Chambres ne doivent s'en occuper que sous le rapport de quelques dispositions législatives concernant les règles à fixer pour la répartition de l'indemnité.

Il paroît pourtant que la commission nommée pour l'examen du projet de loi n'a pas considéré la prérogative royale comme étant hors de question , et que cette question y a été débattue , mais que la majorité s'est prononcée dans un sens favorable à la prétention de M. le président du conseil des ministres.

La même question va donc s'élever nécessairement dans la discussion générale : il faut espérer qu'un plus grand foyer de lumières fera prévaloir un avis plus conforme aux vrais principes.

Ce sont ces principes que nous entreprenons d'exposer, en réfutant le rapport de M. Pardessus, professeur de *Droit commercial*, fort distingué sans contredit, mais qui ne nous paroît pas une autorité d'égale force en matière de *Droit public* et de *Droit des gens*.

M. Pardessus commence par une observation dont nous devons lui savoir gré ; car elle tend à venger la majesté royale d'un outrage que lui faisoit M. de Villèle, dans son ignorance des protocoles de la diplomatie, en appelant *traité* l'acte qui proclame l'indépendance des nègres révoltés de Saint-Domingue. « Un tel acte, dit M. le rapporteur, n'a été et n'a pu être ce que, dans le langage usuel de la diplomatie, on appelle un *traité*. Un traité n'a lieu que d'égal à égal.... Employer cette forme, seroit porter la plus fâcheuse atteinte aux droits de la souveraineté et de la légitimité. » Ainsi donc, malgré l'expression de M. de Villèle, qui, dans cette circonstance, comme dans beaucoup d'autres, s'est montré si peu jaloux de ménager l'honneur du trône, l'ordonnance du 17 avril 1825 n'est pas un *traité*.

Mais cet acte, quelle que puisse être la qualification qui lui convienne, entroit-il exclusivement dans les attributions de la prérogative royale ? Oui, s'il faut s'en raporter à l'oppinion de M. Pardessus, et aux raisonnements sur lesquels il la fnde.

Ici, rendons-lui grâce encore d'avoir fait justice d'une autre aberration bien étrange de M. de Villèle. Suivant ce ministre, le droit qu'avoit S. M. Charles X de disposer, par ordonnance, de la colonie de Saint-Domingue, se trouve reconnu et consacré par l'article 73 de la Charte qui porte : « Les colonies seront régies par des lois et des réglements particuliers. » Vous voyez bien, disoit M. de Villèle, que cet article place les colonies *en dehors de la Charte* ; par conséquent, c'est au Roi seul qu'il appartient de décider de leur sort.... La fausseté d'une telle conséquence a été suffisamment démontrée par tous les journaux qui ne sont pas à la solde de la trésorerie, et par les auteurs de plusieurs écrits qui ont frappé l'attention publique. Bornons-nous à faire observer que les colonies ne sont point en dehors de la Charte toutes les fois qu'il s'agit de statuer sur leur existence politique, comme parties intégrantes du royaume. L'article 73, invoqué par M. de Villèle, ne se rapporte qu'à l'administration intérieure de ces colonies. Les mots : « elles seront *régies* par des lois et des réglements parti-culiers, » loin d'établir le droit d'aliénation, l'excluent implicitement ; car il n'y a plus lieu de *régir*, c'est-à-dire d'administrer les colonies, quand elles ont été vendues, cédées à une autre puissance, ou déclarées indépendantes. A cet égard, il en est du droit public comme du droit civil : dans ce dernier, le tuteur a reçu de la loi le pouvoir d'administrer les biens de son pupille : or, peut-il prétendre que le pouvoir d'*administrer* comprenne celui d'*aliéner?* Le conseil de famille a seul la faculté de vendre ou d'échanger les immeubles d'un mineur, dans des cas d'absolue nécessité, et encore, pour l'exercer, faut-il qu'il y soit autorisé par les tribunaux. Ce n'est donc pas sans juste raison que M. Pardessus s'est abstenu de prendre pour appui l'article 73 de la Charte.

C'est sur l'article 14 de cette même Charte, sur le droit commun, sur les usages constants de l'ancienne monarchie, qu'il établit les principes d'après lesquels la majorité de la commission s'est prononcée.

Examinons rapidement ces trois points de controverse.

Et d'abord, citons l'article 14 de la Charte, ainsi conçu :

« Le Roi est le chef suprême de l'Etat, commande les forces de terre et de mer, déclare la guerre, fait les traités de paix, d'alliance et de commerce, nomme à tous les emplois d'administration publique, et fait les réglements et ordonnances nécessaires pour l'exécution des lois et la sûreté de l'Etat. »

M. Pardessus pense avec la commission que cet article, par lequel le Roi s'est réservé *de faire les traités de paix, d'alliance et de commerce, ainsi que les réglements et ordonnances nécessaires pour la sûreté de l'État,* emporte nécessairement le droit de vendre, céder ou abandonner une portion quelconque du territoire français, soit une province, soit une colonie. Il nous semble que M. Pardessus se trompe. Ne parlons pas de l'ordonnance du 17 avil 1825 comme d'un *traité* fait avec les révoltés de Saint-Domingue ; mais au moins faut-il bien convenir que cette ordonnance a l'effet d'un traité, puisqu'elle opère le démembrement d'une partie du royaume. Or, cette ordonnance, qui, d'après son effet, doit être considérée comme un traité, excède les bornes de la prérogative royale, en ce qu'elle contient aliénation et démembrement. Aux termes de l'article 14 de la Charte, le Roi peut faire la guerre ; mais la levée extraordinaire des hommes, et les subsides nécessaires aux frais de cette guerre, ne peuvent avoir lieu qu'en vertu d'une loi rendue par les trois pouvoirs : c'est ce que nous avons vu récemment à l'occasion de la guerre d'Espagne. De même le Roi peut faire la paix lorsqu'il la juge nécessaire ; il peut la faire sans la participa-

tion des Chambres, si elle est avantageuse à l'E-
tat, si elle ajoute quelque chose à sa puissance,
si elle impose aux vaincus le sacrifice de quelque
forte somme d'argent : au contraire, si cette paix
est à l'avantage des ennemis, si elle ne peut s'obtenir qu'au prix de la cession d'une ou de plusieurs
provinces, ou d'une rétribution considérable en
argent, elle ne peut se conclure sans la participation ou la ratification des Chambres. Pour qu'il
en fût autrement, il faudroit que l'article invoqué portât ces mots : « Le Roi fait la guerre et
la paix *à sa volonté, quelques sacrifices qu'il
puisse en coûter à l'État.* » Ce pouvoir illimité,
le Roi, dans sa sagesse et dans sa bonté, n'en a
point voulu, et nous osons dire que ses prédéces-
seurs n'en jouirent pas toujours sous l'ancienne
monarchie.

Arrivons au principe qui peut être tiré du *droit
commun des nations.*

Sur ce point, M. le rapporteur ne paroît pas
avoir consulté des publicistes ; il n'en indique
aucun qui se soit montré favorable à son opinion.
Ceux que nous pouvons lui opposer, estiment qu'un
souverain *absolu* a seul le droit de décider par
lui-même des conditions de la paix, bien qu'elles
soient onéreuses à ses sujets ; ils déclarent que ce
droit n'appartient pas aux souverains dont l'au-

torité est limitée par les lois fondamentales de l'Etat.

Grotius s'exprime ainsi : « Les rois qui ne possèdent pas la souveraineté comme un patrimoine, mais à titre d'usufruit, tels que sont la plupart de ceux qui règnent aujourd'hui, ne peuvent aliéner par aucun traité, ni la souveraineté entière, ni aucune de ses parties.... La souveraineté entière ne sauroit être valablement aliénée sans un consentement de tout le peuple, ou des députés de chaque province qui le représentent, et qui forment ce qu'on appelle les *états du royaume*. Mais quand il s'agit de l'aliénation de quelque partie du royaume, il faut un double consentement, savoir, celui de tout le corps du peuple, et celui de la province ou de la ville que l'on veut aliéner, laquelle ne peut être détachée malgré elle du corps avec lequel elle étoit unie (1).... »

Vattel dit : « Quand une puissance *limitée* a le pouvoir de faire la paix, comme elle ne peut accorder d'elle-même toute sorte de conditions, ceux qui voudront traiter sûrement avec elle, doivent exiger que le traité de paix soit approuvé par la nation, ou par la puissance qui peut en accomplir les conditions. » Et, à l'appui de cette

(1) *Droit de la guerre et de la paix*, liv. 3.

observation, il cite un exemple mémorable, dont nous nous emparons avec d'autant plus d'avantage, qu'il l'a trouvé dans notre propre histoire. François Ier, roi de France, après la malheureuse bataille de Pavie, étoit prisonnier de Charles-Quint; pour recouvrer sa liberté, il s'engagea, par le traité de *Madrid*, à céder le duché de Bourgogne. L'empereur, sur la foi de cet engagement, le laissa rentrer dans son royaume; mais lorsqu'il fut question d'exécuter le traité, les états de la province de Bourgogne refusèrent de s'y soumettre, et les états-généraux, convoqués à Cognac, déclarèrent tout d'une voix que l'autorité du roi ne s'étendoit pas jusqu'à démembrer la couronne; en conséquence, le traité fut annullé comme étant contraire à la loi fondamentale du royaume. « Et véritablement, ajoute Vattel, il avoit été fait sans pouvoirs suffisants (1). »

Enfin, nous avons à répondre sur la troisième raison alléguée par M. Pardessus, c'est-à-dire, sur l'autorisation qui résulteroit, suivant lui, des *usages constants de l'ancienne monarchie*.

Déjà nous venons de dire plus haut que nos rois, sous l'ancienne monarchie, ne jouirent pas toujours du droit exclusif de régler les conditions d'un traité de paix onéreux pour leurs sujets.

____

(1) *Droit des gens*, liv. 1 et 4.

L'exemple de ce qui arriva du temps de François Ier suffit pour preuve. Nous pouvons aller plus loin, et soutenir que jamais nos rois n'eurent ce droit, parce que jamais leur gouvernement ne fut *absolu* par sa nature. Si, dans les deux derniers siècles, on vit quelques cessions de provinces ou de colonies faites sans la participation des corps qui auroient dû intervenir, ce ne fut que par une sorte d'empiétement de la prérogative royale, et par l'effet des moyens quelconques employés par les ministres de telle ou telle époque, pour empêcher la désapprobation des peuples de se manifester. C'est encore avec Vattel que nous faisons cette observation. « Remarquons, dit-il, que, dans le cas d'une nécessité pressante, telle que l'imposent les événements d'une guerre malheureuse, les aliénations que fait le prince pour sauver le reste de l'Etat, sont censées approuvées et ratifiées par le seul silence de la nation, lorsqu'elle n'a point conservé, dans la forme du Gouvernement, quelque moyen aisé et ordinaire de donner son consentement exprès.... Les états-généraux sont abolis en France, par non-usage et par le consentement tacite de la nation. Lors donc que ce royaume se trouve pressé, c'est au Roi seul de juger des sacrifices qu'il peut faire pour acheter la paix, et ses ennemis traitent solidement avec lui. » On voit bien que Vattel admet l'espèce de droit résultant du *consentement tacite*; toutefois, il ne l'admet que dans des circonstances très-graves, et lorsque le salut de l'Etat se trouve véritablement compromis. Au surplus, depuis la publication de la Charte constitutionnelle, cette doctrine ne peut recevoir aucune application : la France est rentrée dans la faculté d'exprimer son consentement d'une manière expresse; les *états-généraux*, c'est-à-dire les Chambres, doivent être consultés, et doivent parler pour elle.

Mais quels sont donc les faits historiques qui, suivant M. Pardessus, prouveroient *les usages constants de l'ancienne monarchie?* Il a parlé de la cession de l'Acadie en 1713, de celle du Canada et de la Louisiane en 1763.

La cession de l'Acadie!.... Quel triste souvenir vient-on nous rappeler !.... ce fut une des stipulations du honteux traité d'Utrecht, souscrit au nom de Louis XIV, alors accablé de revers sur la fin de sa longue et glorieuse carrière. Quelles en furent les conséquences? la ruine et l'extermination de tous les fidèles colons qui avoient fondé cet établissement. Les Anglais, une fois maîtres du pays, s'emparèrent violemment de toutes les propriétés, et déportèrent en masse la population française, qui, réfugiée à Brest, à Nantes, à Lorient, à La Rochelle, à Rochefort, à Bordeaux, finit par périr entièrement de maladies et de misère, sans autre consolation que celle de laisser ses ossements sur le sol de la *mère-patrie* !

La cession du Canada et de la Louisiane !.... Faute énorme des ministres de Louis XV !..... N'est-ce pas de cette époque que date l'affoiblissement de notre marine et de notre puissance coloniale, jadis si imposante, et la funeste prépondérance de l'Angleterre ? Et d'ailleurs, cette époque ne fut-elle pas signalée aussi par les fureurs sanguinaires, que le trop fameux Oreilly exerça sur les habitants de la Louisiane, coupables, hélas ! d'avoir, dans le sein de leurs familles, exprimé par des larmes le regret de n'être plus Français ?

Il faut convenir que ces exemples ont été malheureusement choisis. Nous devons craindre qu'ils ne soient d'un fâcheux augure pour les suites de la mesure prise à l'égard de Saint-Domingue.

M. Pardessus, sans doute pour donner plus de force aux précédentes citations, les accompagne d'un autre fait historique, *puisé*, dit-il, *dans les annales d'un peuple chez lequel la puissance royale est bien plus limitée qu'en France*. Ce fait est la reconnoissance de l'indépendance des États-Unis par S. M. B., en 1783. Voilà encore une citation qui nous semble d'une extrême maladresse, puisqu'elle prouve contre l'opinion que M. le rapporteur veut faire adopter par la Chambre, et en faveur de celle que nous soutenons. Ce n'est pas de sa pleine autorité que le roi d'Angleterre George III pouvoit reconnoître l'indépendance des Etats-Unis, et faire aux insurgés l'abandon du vaste territoire possédé jusque-là par la métropole.

« Les rois d'Angleterre ont le droit de conclure des traités de paix et d'alliance ; *mais ils ne peuvent aliéner par ces traités aucune des possessions de la couronne, sans le consentement du parlement.* (Vattel, *Droit des gens*, liv. 4.) » Et, dans le fait, l'indépendance des Etats-Unis fut consentie par un acte du parlement d'Angleterre.

Qu'y a-t-il maintenant à conclure sur cette première question que nous venons de discuter ?

Notre conclusion sera tout-a-fait opposée à celle de M. le rapporteur.

M. le rapporteur a dit : « La mesure prise à l'égard de Saint-Domingue n'a été que l'exercice d'un droit inhérent à la prérogative royale : par conséquent, cette mesure ne doit pas être soumise à la ratification des Chambres, et les ministres qui l'ont conseillée ne sont pas dans le cas de venir demander aux Chambres ce que, dans le langage parlementaire, on est convenu d'appeler un *bill d'indemnité.* »

Nous disons : « La mesure dont il s'agit a été prise et exécutée, selon l'expression de Vattel, *sans pouvoirs suffisants ;* par conséquent, et au moins pour la conservation des principes, elle doit être soumise à la ratification des Chambres, et les ministres, qui en sont responsables, ont besoin d'un *bill d'indemnité.*

Mais le *bill d'indemnité* ne doit être accordé aux ministres que dans le cas où, après un mûr examen de notre seconde question, les Chambres reconnoîtroient *la nécessité et la convenance d'une telle mesure.*

DEUXIÈME ARTICLE. — Du 13 mars 1826.

Plus nous approfondissons le sujet à la discussion duquel nous avons cru devoir prendre part, plus nous sommes frappés de l'intérêt immense qui s'y rattache. Vainement le ministère s'étoit flatté de borner cette discussion au simple examen des articles du projet de loi. Nous disions bien, dans notre premier article, qu'il n'avoit pas mesuré toute l'étendue du terrain où le combat alloit s'engager. Les discours très-remarquables qui viennent d'être prononcés à la Chambre des députés nous font augurer que les mandataires des diverses parties du royaume ne se laisseront pas prendre au piége caché sous le projet de loi de M. le président du conseil des ministres. Ils ont parfaitement compris que M. de Villèle, en parlant de l'ordonnance du 17 avril 1825, comme d'un acte incontestablement dans les attributions de la prérogative royale, comme d'un acte placé d'ailleurs sous la sauvegarde de la responsabilité des ministres qui l'ont conseillé et exécuté; ils ont compris, disons-nous, que M. de Villèle vouloit compromettre leur propre responsabilité, en les amenant à prononcer sur la répartition de l'indemnité, qui n'est qu'une conséquence de l'ordonnance du 17 avril, sans contester la validité de cette ordonnance, quant à la forme et quant au fond. Si cette ruse, digne d'un Mazarin, pouvoit réussir à M. de Villèle, il en résulteroit, pour l'avenir de la France, un *précédent* des plus funestes, que ce ministre lui-même et ses successeurs ne manqueroient pas de faire valoir comme droit, toutes les fois qu'ils voudroient trafiquer de l'honneur et des possessions de la monarchie.

Que MM. les députés des départements y prennent donc bien garde. En effet, nous venons de dire que leur propre responsabilité seroit compromise; nous ajoutons qu'elle seroit *seule compromise;* car les ministres, qui se croient tout permis lorsqu'ils offrent la leur pour garant de leur conduite, ont su jusqu'à présent la rendre tout-à-fait illusoire, bien qu'elle soit déclarée en principe par les articles 55 et 56 de la Charte. Au contraire, la responsabilité morale des députés envers leurs commettants ne peut être éludée : il ne faut pas de loi ni de réglement pour lui donner de l'efficacité. C'est bien ici le cas de rappeler un passage du beau discours qu'improvisa, dans la session de 1823, M. le marquis de Cambon (député de la Haute-Garonne), sur la nécessité de ne pas accorder, sans une parfaite connoissance de cause, le *bill d'indemnité* que les ministres vouloient obtenir pour les dépenses extraordinaires de l'armée d'Espagne. « Les ministres craignent que l'ajournement de » votre décision ne fasse peser sur eux une sorte » de responsabilité morale; mais la Chambre » des Députés n'a-t-elle pas aussi sa responsabi- » lité morale à ménager? Doit-elle, plus que » les ministres, braver l'opinion publique? » J'ignore combien de temps un ministère peut » la braver impunément; mais je ne crains pas » de dire que la Chambre ne le peut pas un » seul instant; et le jour où elle auroit perdu » la confiance publique, elle ne pourroit plus » rien pour le bien de l'Etat. La France nous en- » tend, Messieurs; il ne faut pas qu'elle puisse » dire que nous avons vu le mal, et que nous

» avons fermé les yeux. » Or, dans la circonstance actuelle, et lorsqu'il ne s'agit de rien moins que de nos libertés publiques, auxquelles on ose porter atteinte, quels sont les députés qui consentiroient à encourir la disgrâce de leurs départements respectifs?.... Cette pensée, n'en doutons pas, soutiendra leur énergie dans la suite des débats, et surtout au moment de voter sur l'ensemble du projet de loi. Une autre considération doit préserver de tout scrupule leur conscience royaliste : l'objet de la discussion qu'ils soutiennent si honorablement n'est pas de faire révoquer l'ordonnance du 17 avril 1825 ; aucun d'eux ne voudroit l'entreprendre, et nous-mêmes nous sommes loin de nous exprimer dans ce sens. La volonté de notre Monarque chéri a été surprise, ainsi que nous croyons l'avoir démontré ; mais cette volonté s'est manifestée à la face du monde entier : par respect pour le trône, par égard pour le caractère personnel de l'excellent Prince qui l'occupe, la France doit s'y soumettre. Les Chambres ne feront pas ce que firent les états-généraux sous François Ier : d'autres temps, d'autres mœurs. ... Quel est donc notre but ? et que demandent les orateurs qui viennent d'être entendus contre le projet de loi ? Nous demandons tous que les ministres qui ont conseillé, contresigné et exécuté l'ordonnance du 17 avril, n'obtiennent point de bill d'indemnité, si la Chambre demeure convaincue que cette ordonnance, indépendamment du vice forme, doit être blâmée sous d'autres rapports.

Ces observations nous ramènent naturellement à l'examen que nous nous sommes proposé, et nous entrons dans celui de notre deuxième question : « Convenoit-il de reconnoître l'indépendance de Saint-Domingue ? »

Nous ne balançons pas à déclarer que la mesure prise à cet égard nous paroît blâmable, comme blessant tout à la fois notre honneur national et celui du souverain ; comme contraire aux intérêts bien entendus de la France, de l'Europe, et même à ceux de l'Amérique ; enfin, comme ayant été arrêtée sans nécessité absolue, seule raison qui pourroit la justifier.

En ce qui touche l'honneur, ce point sur lequel les Français ont toujours eu tant de susceptibilité, cet apanage héréditaire dont l'auguste race de nos Rois ne se laissa jamais dépouiller, nous accepterions pour juge de notre proposition M. le rapporteur lui-même, s'il vouloit bien y réfléchir en bonne conscience ; car il reconnoît et se plaît à faire remarquer que, « pendant quinze siècles, nos Rois n'ont jamais été réduits à la nécessité de reconnoître l'entière et absolue indépendance de sujets soulevés contre leur autorité ; » il convient que « l'ordonnance du 17 avril 1825 nous en offre le premier exemple. »

Que sera-ce si l'on considère que ces sujets soulevés, dont l'indépendance est reconnue, ne sont pas les Européens, les blancs, propriétaires du sol de Saint-Domingue, mais les nègres esclaves ou affranchis, les assassins de leurs maîtres, dont chacun vient peut-être,

Une tête à la main, *d'obtenir* son salaire?...

Et quel est ce salaire?.... Les biens qu'ils ont arrachés par violence aux malheureuses familles françaises qui les avoient acquis et améliorés sous la garantie de la métropole, de sa puissance et de ses lois!.... Si M. Pardessus avoit pu trouver dans l'histoire ancienne et moderne quelques faits semblables à celui-là, il auroit eu grand soin de les citer pour en atténuer du moins l'ignominie : nous en citerons qui la rendront plus frappante!

Le premier qui se présente à notre mémoire, et auquel nous nous bornons, pour ce qui concerne l'histoire des peuples anciens, est celui des résultats dont fut suivie la révolte des esclaves de la Campanie contre les Romains.

L'an 74 avant Jésus-Christ, c'est-à-dire, à une époque où Rome, déchirée par des divisions intestines, ne soutenoit qu'avec peine la lutte engagée en Espagne contre Sertorius, et en Cappadoce contre Mithridate,

Spartacus, un esclave, un vil gladiateur,

osa former le projet de rendre sa caste maîtresse de la Campanie, et de s'y maintenir en état d'indépendance. Echappé, lui trentième, de chez Lentulus, son maître, il se vit bientôt à la tête d'une bande considérable. Les troupes qu'on fi marcher d'abord contre lui furent battues à plusieurs reprises. Il fallut lui opposer des armées entières, qu'il battit encore. Cette guerre, dite *des Esclaves*, dura quatre ans. Spartacus triompha successivement de deux consuls et de trois préteurs; il s'avançoit enfin sur Rome... Dans cette extrémité, dans ce péril imminent, le séna romain désespéra-t-il du salut de l'Etat? Eut-il recours à la voie honteuse des négociations Offrit-il à Spartacus de lui abandonner la Campanie, et de reconnoître son indépendance? Non le commandement d'une nouvelle armée fu donné à un homme de tête et de grand courage à Marcus Licinius Crassus. Ce général atteigni Spartacus près du Vésuve; il lui livra bataille et remporta une première victoire; il le repouss ensuite, l'épée dans les reins, jusqu'à l'extrémit de l'Italie. Là, vaincu dans le combat décisif

Spartacus périt, les armes à la main, avec quarante mille des siens... C'est ainsi qu'on traite avec les rebelles, blancs ou noirs, libres ou esclaves !...

Passons à des exemples plus rapprochés de nos jours.

Vers 1788, les nègres esclaves de la Guiane hollandaise se soulevèrent contre leurs maîtres, qu'ils massacrèrent en grande partie, ou qu'ils forcèrent à s'embarquer pour éviter la mort. Les garnisons, trop foibles contre cette révolte imprévue, purent à peine garder pendant quelques mois leurs positions fortifiées ; et déjà l'*indépendance* des insurgés paroissoit établie de fait. Cette indépendance fut-elle reconnue par la métropole ? Non : dès que le Gouvernement de Hollande fut informé de ce qui se passoit en Amérique, il envoya une escadre et des troupes, et il reprit possession de sa colonie, malgré toutes les difficultés qu'opposoit la nature du climat.

En 1800, l'usurpateur du trône des Bourbons profita d'un moment de paix générale pour faire entrer sous son obéissance les nègres révoltés de notre belle colonie de Saint-Domingue. Tout le monde peut se rappeler la proclamation menaçante qui fut publiée à ce sujet, et qui seule devoit produire l'effet d'une armée. Trente mille hommes, mis à terre sur différents points, n'éprouvèrent qu'une foible résistance. Si, depuis cette époque, la France a encore perdu la possession de Saint-Domingue, il faut attribuer ce malheur, non pas à la difficulté de s'y maintenir en temps ordinaire, comme l'a dit M. Sébastiani dans son discours du 10 de ce mois, mais, d'abord à l'exaspération qu'excitèrent plusieurs des généraux de Buonaparte par leurs cruautés, leurs rapines, et la perfidie de leur conduite envers Toussaint-Louverture; en second lieu, à la rupture de la paix d'Amiens, qui ne permit plus de faire passer des renforts et des munitions.

A la même époque, une révolte des nègres de la Guadeloupe, après avoir été contenue pendant sept mois par des mesures de prudence, les seules que pussent prendre les habitants propriétaires fut réprimée militairement, et punie par le général Richepance, qu'envoya Buonaparte avec six mille hommes de troupes.

De tels exemples nous paroissent mériter d'être mis sous les yeux des Chambres.

Mais prouvons maintenant que l'ordonnance du 17 avril blesse les intérêts de la France, de l'Europe, et même de l'Amérique.

En ce qui concerne la France, croit-on qu'un commerce précaire avec les nègres indépendant de son ancienne colonie, lui procure de grands avantages? Quels objets d'échange fourniront-ils à nos négociants? De l'argent!... Nous savons bien qu'ils en manquent, puisque nous sommes obligés de leur prêter le premier cinquième de la prétendue indemnité, et de le leur prêter pour *vingt-cinq ans*. Du sucre, du café, du coton, de l'indigo!... Ils n'en ont déjà plus ou presque plus : la culture des terres va s'affoiblissant d'une année à l'autre. Les nègres, livrés à eux-mêmes, retombent dans leur indolence originaire : la grande affaire de leur vie est de dormir le jour, de danser le *bamboula* pendant la nuit; et quand la faim se fait sentir, il leur suffit, pour la satisfaire, de quelques *bananes* qui viennent sans qu'ils s'en occupent. Bientôt ceux de la république d'Haïti redeviendront ce qu'ils étoient à la côte de Guinée, à moins qu'une traite de blancs ne s'établisse pour leur fournir des cultivateurs; et c'est peut-être l'arrière-pensée de nos philantropes !

On voit donc que les spéculateurs français qui iront à Saint-Domingue avec leurs navires chargés des produits de nos manufactures, n'y trouveront qu'un foible débouché, et qu'après deux ou trois voyages *en perte*, ils seront forcés de chercher leur profit ailleurs.

Supposons, au contraire, Saint-Domingue rétablie dans son état de colonie française, et repeuplée par les anciens propriétaires, par leurs enfants ou autres héritiers : quel aliment alors pour le commerce de la métropole, qui, en peu d'années, remonteroit au degré de prospérité d'où la révolution l'a fait descendre! Et qu'on ne dise pas que c'étoit une chose impossible : nous en démontrerons tout à l'heure la possibilité.

L'ordonnance du 17 avril blesse encore les intérêts de la France, en ce qu'elle la rend responsable envers les anciens colons de l'indemnité stipulée en leur faveur, si le gouvernement de la république d'Haïti, qui s'est engagé à payer cette indemnité, vient à faire banqueroute. Quelle garantie offre aux colons la prévoyance de nos ministres pour la solvabilité, et même pour la durée d'un tel gouvernement? Deviendra-t-il plus solvable qu'il ne l'est aujourd'hui? Quant à sa durée, qui oseroit en répondre? Nos ministres préserveront-ils le président Boyer et son *sénat* d'une insurrection soudaine, qui peut changer la forme actuelle de ce gouvernement, et ramener le farouche despotisme d'un nègre semblable à Dessalines ou à Christophe? Eh bien! soit dans le cas de la banqueroute du mulâtre Boyer, soit dans le cas de sa supplantation par un nouveau despote nègre qui refuseroit de payer l'indemnité, la France seroit tenue de ce paiement, si les Chambres, par un consentement *exprès* ou *tacite*, ratifioient les stipulations de l'ordonnance du 17 avril.

Sous un troisième rapport, cette ordonnance blesse nos intérêts nationaux. On a beau dire que des précautions ont été prises pour empêcher que les nègres et mulâtres indépendants de Saint-Domingue n'entretiennent des communications avec la Martinique, la Guadeloupe et Cayenne; il est de fait qu'une juste alarme s'est répandue dans ces trois colonies françaises, dès qu'on y a reçu la nouvelle de la mission remplie à Saint-Domingue par M. de Makau; il est de fait que des symptômes d'agitation d'un sinistre augure s'y sont manifestés. Empêchera-t-on effectivement les communications entre les nègres et mulâtres de ces mêmes colonies et ceux de Saint-Domingue? Et quand on les empêcheroit, ne suffit-il pas qu'on ait reconnu l'indépendance des uns, pour que les autres travaillent sourdement à se rendre eux-mêmes indépendants?... De là des complots qui échoueront plus d'une fois peut-être, mais qui finiront peut-être aussi par mettre en défaut la surveillance; de là le découragement des colons, la crainte de compromettre leur existence et celle de leurs familles, s'ils ne prennent pas le parti d'abandonner enfin des îles malheureuses, où tant de dangers et de dégoûts de tout genre les ont accablés depuis trente-cinq ans..... Triste avenir à prédire sans doute; mais s'il se réalise, la France aura perdu toutes ses colonies d'Amérique!...

C'est par la même considération que nous trouvons l'ordonnance attentatoire aux intérêts des nations de l'Europe, qui, avec la France, possèdent quelques îles dans l'archipel des Antilles, nous voulons dire l'Espagne, l'Angleterre, les Pays-Bas, le Danemarck et la Suède. En effet, les habitants de toutes ces îles vont rester dans un état perpétuel d'inquiétude; leurs établissements seront tôt ou tard détruits par la torche incendiaire des esclaves révoltés, ou du moins ces établissements dépériront par l'effet de la désertion des ateliers, qui, de temps à autre, trouveront le moyen de passer à Saint-Domingue.

Quant aux intérêts de l'Amérique continentale, ils sont également blessés par l'ordonnance du 17 avril. Il y a des nègres esclaves dans presque toutes les parties de ce vaste continent : croit-on que l'indépendance accordée à ceux de Saint-Domingue ne va pas aussi les pousser à la révolte? Les Américains blancs, originaires de l'Europe, qui aujourd'hui veulent rompre avec leurs métropoles respectives, ne veulent pourtant pas que l'indépendance qu'ils proclament pour eux-mêmes profite à leurs esclaves.

Quelques-unes des observations qui précèdent auroient besoin de développement; mais les bornes de cette feuille nous arrêtent. Dans le peu d'espace qui nous reste, exposons la raison de penser qu'*il n'y avoit pas nécessité absolue de reconnoître l'indépendance des nègres de Saint-Domingue;* qu'au contraire, la reprise de cette colonie pouvoit s'opérer sans de grandes difficultés, et qu'ensuite nous aurions pu la conserver et lui rendre à peu près son ancienne prospérité.

M. le président du conseil des ministres et M. le rapporteur de la commission soutiennent qu'il y avoit *nécessité absolue*, parce que depuis long-temps Saint-Domingue jouit d'une indépendance de fait, et qu'on l'en a laissé jouir paisiblement depuis la restauration; parce que la chance de la guerre auroit beaucoup de dangers à une si grande distance, et sous le ciel brûlant des tropiques; et encore parce qu'une telle expédition coûteroit beaucoup d'argent.

Sur l'espèce de moyen de prescription résultant de la jouissance de fait, nous répondons qu'en matière civile, quand il s'agit du droit de propriété, la prescription ne s'acquiert que par trente ans; que, dans le droit politique, il n'y a pas de prescription en faveur de la révolte et de l'usurpation; que, dans le droit criminel, il n'y a pas de prescription non plus en faveur de l'assassinat et de l'incendie. Mais, au reste, ici la prescription trentenaire a été interrompue par l'expédition de Buonaparte en 1800, et par l'occupation plus ou moins longue qui s'en est suivie.

Sur la jouissance paisible depuis la restauration, nous répondons que les fautes des précédens ministères ne peuvent pas autoriser le ministère actuel à en commettre de plus graves encore. Il y a dix ans que nous serions en possession de Saint-Domingue si les ministres de S. M. Louis XVIII, immédiatement après la première restauration, avoient profité, pour reprendre cette colonie, de l'enthousiasme dont la France fut saisie, de la terreur qui s'empara des ennemis de la légitimité, et du besoin qu'éprouvoit l'ancienne armée de conserver son activité. S'ils avoient profité de ces inappréciables avantages, comme Buonaparte profita de la paix d'Amiens, non-seulement nous serions en possession de Saint-Domingue, mais encore nous eussions peut-être évité la catastrophe des cent-jours, et la perte de trois milliards qui en fut le résultat.

Sur les chances de la guerre, nous disons que le calcul de M. de Villèle à cet égard n'est pas français. C'est un calcul renouvelé de 1822 :

alors M. de Villèle ne voulait pas la guerre d'Espagne.... Il n'avoit pas deviné ce que pouvoient des soldats français sous la conduite d'un Bourbon!.. Aujourd'hui peut-être il doute qu'on puisse trouver parmi tous nos généraux, un Crassus, un Leclerc, un Richepance!... La distance qui nous sépare de Saint-Domingue n'est pas un obstacle, nous l'avons déjà franchie plus d'une fois; elle n'est que de 1800 lieues, et les Anglais combattent actuellement à quatre mille lieues de leur métropole. L'insalubrité du climat ne sauroit non plus nous effrayer : ne fut-elle pas surmontée par les généreux fondateurs de toutes nos colonies, et par tant de milliers d'hommes qui les ont gardées pour la France, ou qui les ont reprises à diverses époques?

Sur la considération des dépenses et frais d'une expédition, notre réponse sera qu'il valoit mieux, une bonne fois, se déterminer à y employer d'abord les cent cinquante millions dont on grève la France, à défaut de paiement de l'indemnité par le président Boyer.

Nous ajouterons qu'une compagnie puissante de capitalistes avoit offert de se charger de tous les frais de cette expédition, et même de la reconstruction de toutes les manufactures ruinées de Saint-Domingue, moyennant certaines conditions qui ne pouvoient être qu'avantageuses à la

France et aux colons. Pourquoi ces offres ont-elles été dédaignées? N'est-ce point parce qu'on vouloit que la compagnie fît valoir ses capitaux dans le *trois pour cent ?*

Ainsi donc point de *nécessité absolue* qui puisse justifier les ministres d'avoir conseillé et exécuté l'ordonnance du 17 avril.

Nous terminerons, en démontrant qu'une expédition conduite avec vigueur et avec prudence tout à la fois, ne pouvoit manquer de réussir, au grand avantage de notre pays, des colons de Saint-Domingue, de nos autres îles, des puissances européennes ci-dessus indiquées, et enfin de l'Amérique continentale elle-même.

Dans l'état où les choses sont placées par l'ordonnance du 17 avril, l'Espagne perd incontestablement la partie de Saint-Domingue qui lui appartenoit, comme la France perd l'autre partie. Or, il eût été facile d'obtenir de S. M. Ferdinand VII la cession de cette partie espagnole, puisqu'une expédition projetée de la part de S. M. Charles X auroit eu pour résultat infaillible, quant à l'Espagne, de contribuer puissamment à lui garantir la conservation de l'île de Cuba, la plus grande des Antilles, et de Porto-Ricco, autre colonie de beaucoup d'importance, l'une et l'autre menacées sans cesse par le voisinage des indépendants de Saint-Domingue. Supposons donc que la cession dont il s'agit nous eût été accordée, quand bien même elle ne l'eût été que sous la condition d'une rétrocession ultérieure : alors l'expédition de Saint-Domingue devenoit extrêmement facile, et nullement hasardeuse. L'armée française pouvoit débarquer dans les environs de Santo-Domingo, dans la presqu'île de Samana, et sur d'autres points, à l'extrémité orientale de la partie espagnole, points fort éloignés de la partie française. Une division de cette armée pouvoit, sur une division de l'escadre, aller attaquer immédiatement telle ou telle ville de la partie française, la prendre et s'y établir.

Au même instant il falloit répandre avec profusion une proclamation sage, écrite dans le langage des Bourbons, promettant l'oubli du passé, garantissant sur la parole royale, à tout nègre ou mulâtre qui rentreroit dans le devoir, la liberté, s'il étoit né esclave, la confirmation de son grade militaire, etc. L'effet d'une telle proclamation, joint à l'appareil des forces de terre et de mer, auroit été de faire éclater sur-le-champ le mésaccord entre les nègres ou hommes de couleur capables de réfléchir au bien-être qu'ils trouveroient à rentrer sous notre domination, et ceux qui voudroient braver l'autorité du roi. Comme le disoit M. le comte Ferdinand de Berthier, dans la séance du 8 de ce mois, on peut

être assuré que plus de 300,000 hommes, c'est-à-
dire les deux tiers de la population, se seroient
prononcés pour nous, et nous aurions eu de grandes
facilités pour nous mettre en possession successivement de toutes les villes et forteresses. Ce-
pendant une croisière de bâtiments légers auroit
été établie autour de l'île entière, déclarée en
état de blocus, pour ôter aux révoltés persévé-
rants toute possibilité de recevoir du dehors des
vivres et des munitions. Nous ne faisons aucun
doute que, par ce moyen et par des mouvements
militaires bien combinés, on ne les eût bientôt
forcés de capituler à des conditions douces, et à
l'exception peut-être de quelques centaines qui
se fussent réfugiés dans les mornes inaccessibles,
pour y vivre en sauvages, comme on en a vu de
tout temps à la Jamaïque, au sommet des mon-
tagnes Bleues.

Saint-Domingue une fois rentrée ainsi sous la
puissance de S. M. Charles X, il falloit accepter
les offres de la compagnie dont nous avons parlé,
quant aux moyens d'y relever les manufactures;
et quant à ceux d'y cultiver les terres, il falloit
prendre pour exemple ce que firent les habitants
de la Guadeloupe pendant presque tout le temps
de la révolution, après le décret qui abolissoit
l'esclavage. Les nègres de la Guadeloupe demeu-
rèrent attachés aux habitations, non comme es-

claves, mais comme ouvriers volontaires : une partie du produit de leur travail leur étoit donnée à titre de solde ; et encore, suivant l'ancien usage, ils étoient secourus dans leurs besoins par les propriétaires, et soignés dans leurs maladies. Une telle condition n'a rien de contraire à la philantropie.

Un tel résultat de l'expédition assuroit pour bien long-temps la tranquillité des Antilles : Saint-Domingue n'étoit plus, au milieu des autres îles, comme un foyer de désordres, comme le cratère d'un volcan prêt à vomir au loin la lave d'une éruption ! Nous jouissions en paix, ainsi que les autres puissances de l'Europe, des ressources que nous laisse encore le changement survenu dans le système colonial. L'Amérique continentale étoit intéressée à ne pas nous troubler dans cette jouissance qui lui assuroit à elle-même une existence exempte d'alarmes sur le compte de ses esclaves, soit qu'elle les maintienne en état d'esclavage, soit qu'elle en vienne à adoucir graduellement leur condition.

TROISIÈME ARTICLE. — *Du 30 mars 1826.*

La Chambre des Députés vient d'adopter le projet de loi concernant la répartition de l'indemnité stipulée par l'ordonnance du 17 avril 1825, en faveur des anciens colons de Saint-

Domingue; elle vient de l'adopter sans manifester autrement que par l'autorité de la raison, l'improbation qui, selon nous, devoit faire justice de la marche inconstitutionnelle suivie par le ministère sous la responsabilité duquel fut rendue cette ordonnance du 17 avril, et préserver la France, pour les temps à venir, d'un semblable excès de pouvoir.

C'est le 20 mars 1826 que M. le président du conseil des ministres vient d'obtenir ce nouveau triomphe de ses sophismes et de ses fausses conceptions!... *Vingt mars!* jour de malheur!... Ne suffit-il pas d'une telle rencontre de dates pour faire présager tout ce que la mesure qui a été prise à l'égard de Saint-Domingue peut entraîner de funestes conséquences?

Ah! du moins trouvons un moyen pour que notre pays ne reste pas à jamais asservi sous la volonté d'un ministère inhabile ou mal intentionné! ce moyen ne dépend plus que de la Chambre des Pairs, et le seul que les nobles pairs puissent convenablement employer, seroit, nous le pensons, de n'adopter, à leur tour, le projet de loi sur l'indemnité, qu'après y avoir introduit l'article additionnel qui a été rejeté à la Chambre des Députés, article conçu en ces termes:

« La présente loi ne pourra préjudicier, à l'avenir et dans aucun cas, au principe fondamental de l'inaliénabilité du territoire français, autrement que par le concours des Chambres. »

M. de Villèle a fait observer que cet article étoit inutile, parce que, a-t-il dit, les ministres du Roi, en proposant à S. M. la mesure qui fait le sujet de l'ordonnance du 17 avril, n'ont pas eu l'intention d'établir un antécédent dont on pût abuser par la suite, au préjudice des principes fondamentaux de notre monarchie constitutionnelle. Il ne s'agit pas ici de rechercher quelle a été l'intention des ministres; il s'agit de prévoir le danger d'un antécédent qui existera de fait; et la meilleure preuve que l'article dont nous parlons n'est pas inutile, c'est le soin que M. de Villèle a pris de le faire rejeter.

Adressons-nous donc aujourd'hui à la Chambre des Pairs; demandons-lui, au nom de la France alarmée, une garantie de notre avenir; espérons que les véritables hommes d'Etat, qui s'y trouvent en plus grand nombre que dans l'autre Chambre, sauront mieux nous entendre. Là, d'ailleurs, nous n'avons pas à craindre une majorité calculée d'avance par les ministres, qui, dans l'autre Chambre, pouvoient et n'ont pas manqué de dire, suivant la naïve expression de M. Corbière : « Sur trois cent quinze votants, nous en comptons deux cent quarante-cinq qui sont nécessairement *à nous*, par les raisons que chacun sait, et dont la main docile lâche, au signal accoutumé, la boule blanche ou la boule noire. » L'influence ministérielle ne sauroit atteindre à l'élévation politique où est placée la Chambre des Pairs : l'honneur français, l'honneur du trône, l'intérêt de l'Etat, voilà les seules considérations qui puissent y prévaloir !

C'est avec un aussi puissant motif de confiance que nous allons continuer l'exposé de nos moyens d'attaque contre l'ordonnance royale du 17 avril 1825, considérée sous le rapport de la responsabilité des ministres qui l'ont proposée et contresignée.

Déjà nous avons démontré, d'après les principes du droit public, que l'indépendance de Saint-Domingue ne pouvoit être proclamée sans le concours des Chambres, ou du moins sans leur ratification. Resserrés dans les limites d'une feuille quotidienne, nous nous étions peu étendu sur ce premier point ; mais nous avions donné des raisons décisives qui, depuis, ont acquis une grande force de conviction par les développements qu'elles ont reçus à la tribune de la Chambre des Députés. Il nous est permis de nous féliciter, sans doute, d'avoir pris l'initiative sur une question de si haute importance, lorsque nous voyons notre opinion confirmée par les mémorables discours qui ont été prononcés.

En second lieu, nous avons fait voir que la déclaration de l'indépendance de Saint-Domingue n'étoit ni honorable pour la France, ni justifiée par la nécessité.

Voici maintenant notre *troisième question* : « Quels seront les résultats de l'indépendance de Saint-Domingue ? »

S'il faut s'en rapporter à la sagesse, aux lumières et à la prévoyance de M. le président du conseil des ministres, ces résultats ne peuvent que nous être très-avantageux, sous quelque point de vue qu'on veuille les examiner.

Malheureusement nous ne manquons pas de sérieuses objections, sur lesquelles il faudra pourtant que S. Exc. s'explique dans le cours des débats qui s'éleveront à la Chambre des Pairs.

Première Objection.

M. de Villèle a dit que l'indépendance de Saint-Domingue assure la tranquillité des autres colonies qui nous restent. — Notre article du 13 mars nous semble avoir suffisamment réfuté cette assertion. Puissions-nous n'être que de faux prophètes, lorsque nous soutenons, au contraire, que l'indépendance de Saint-Domingue rend infaillible la ruine de nos autres colonies !... Mais comment en seroit-il autrement ? Les nègres et mulâtres de la Martinique, de la Guadeloupe et de Cayenne ne voient-ils pas que la révolte de ceux de Saint-Domingue a fini par procurer à ceux-ci l'indépendance ? Un tel exemple n'étoit-il pas le plus sûr véhicule pour les pousser eux-mêmes à la révolte ? — Rassurez-vous, dit encore M. de Villèle, nous venons de renforcer les garnisons des îles pour lesquelles vous montrez tant d'inquiétude. — Nous répondons : Mais vous avez donc vu comme nous le danger ? Et si vous convenez que ce danger n'est pas une chimère, croyez-vous que vos précautions seront toujours efficaces ? Croyez-vous qu'elles détruiront le germe du mal, et qu'elles garantiront les colons de ce découragement dont nous avons fait pressentir les tristes effets ?

Deuxième Objection.

A entendre M. de Villèle, l'indépendance de Saint-Domingue doit être très-avantageuse pour notre commerce extérieur, en ce qu'elle lui procure un débouché considérable des produits de notre sol et de nos manufactures.

Hélas ! nous prévoyons bien plutôt qu'il en sera de cette promesse comme des espérances que M. de Villèle présentoit aux Chambres pour faire adopter son projet de loi sur la conversion des rentes! Les spéculations sur le *trois pour cent* devoient enrichir tous les capitalistes, et les *convertis* eux-mêmes : elles ont ruiné tout le monde, excepté peut-être les banquiers cosmopolites qui composent le conseil privé de M. de Villèle !

Oui, nous pouvons assurer que les négociants français ne gagneront pas plus au commerce avec la république d'Haïti, que les capitalistes de Paris n'ont gagné aux spéculations sur le *trois pour cent*. Nous leur avons déjà démontré, par notre article du 13 mars, que Saint-Domingue, dans son état actuel, n'offre que peu de ressources, soit sous le rapport de la consommation qui peut s'y faire des produits de notre sol et de nos manufactures, soit sous le rapport des denrées à en exporter, soit sous celui des paiements en argent.

Allons plus loin, et soutenons que les indépendants de Saint - Domingue, fussent - ils des blancs, fussent-ils encore les anciens colons, dans toute leur prospérité, notre commerce avec eux n'en auroit pas plus d'avantage pour nous, d'après l'ordonnance du 17 avril 1825. Sur ce point, nous nous recommandons à l'attention de nos lecteurs, négociants ou hommes d'État.

L'ordonnance du 17 avril, accorde l'indépendance aux habitants actuels de Saint-Domingue, sous la condition que les ports de cette île seront ouverts à toutes les nations, mais que les cargaisons apportées par des navires français ne paieront que la moitié des droits d'entrée auxquels seront soumises les cargaisons des navires étrangers. Par exemple, telle nature de marchandise payera 6 p. 100 du prix de facture, si elle est apportée par des navires étrangers ; la même nature de marchandise, venue sur bâtiment français, ne payera que 3 p. 100. Que résultera-t-il de là ?

D'un côté, cette mesure n'empêchera pas les étrangers d'envoyer à Saint-Domingue toutes les marchandises qu'ils pourront y vendre à plus bas prix que nous, malgré la différence du droit d'entrée.

D'un autre côté, les indépendants de Saint-Domingue n'acheteront certainement que les marchandises qui leur seront laissées au plus bas prix possible, et celles qui ne pourront soutenir la concurrence resteront invendues.

Or, nos négociants et nos hommes d'État n'ignorent pas que, de tout temps, la concurrence avec les étrangers, pour le commerce des colonies, nous a fait perdre les avantages de ce commerce. Voilà pourquoi, depuis que nous possédons des colonies, les ordonnances de nos rois et la correspondance de leurs ministres ont toujours prescrit aux gouverneurs la prohibition des marchandises étrangères. (On peut consulter le *Recueil des lois de Saint-Domingue*, par Moreau de St. Méry, et le *Code de la Martinique*.) Pour ne parler que du temps présent, l'expérience la plus récente, acquise depuis la restauration, nous démontre que les Anglais, les Anglo-Américains, les Danois, les Suédois et les Hollandais donnent à Saint-Domingue presque toutes les marchandises que nous pouvons y porter, pour des prix qui sont de 15 à 50 p. cent au-dessous de nos prix. Le détail de cette démonstration nous meneroit trop loin ; bornons-nous à indiquer un article tout-à-fait spécial, inséré dans un ouvrage périodique que nous avons sous les yeux (*Annales maritimes et coloniales*, année 1820, cahier n°s 2 et 3, page 149 et suivantes). M. le ministre de la marine, sous les auspices duquel se publie cet ouvrage, en a peut-être inutilement aidé la prévoyance de M. le président du conseil.

Ainsi, d'après ce que nous venons de dire, comment veut-on que les négociants français, même avec une légère bonification sur les droits d'entrée, soutiennent à Saint-Domingue la concurrence des étrangers ? Ils ne pourroient y vendre leurs cargaisons avec quelque bénifice, qu'au

moyen d'un commerce exclusif, que ne souffri-
roient pas les autres puissances, dans l'état actuel
des choses, et auquel, d'ailleurs, les *indépendants* de cette île n'auroient pas voulu se soumettre. Les négociants français ne feront donc
point d'expéditions pour Saint-Domingue ; ou
bien, s'ils se hasardent à en courir les chances,
ils ne tarderont point à se repentir d'avoir partagé
l'illusion de M. de Villèle, comme les spéculateurs de la bourse de Paris gémissent aujourd'hui
de s'être laissé prendre à l'appât du *trois pour cent*,
malgré les avertissements que nous leur donnâmes,
dans le temps, avec tant d'autres écrivains de
l'opposition.

Troisième objection.

Beaucoup de cargaisons à transporter, dit
encore M. de Villèle ; par conséquent, beaucoup
de mouvement dans nos ports, beaucoup de navires qui trouveront du fret, beaucoup de matelots qui gagneront leur vie : donc, avantage immense pour notre marine !

Si nous avons raisonné juste à l'égard des cargaisons, que devient cet avantage promis à notre
marine? Après un très-petit nombre de voyages
infructueux, les navires seront désarmés, les
matelots seront congédiés, les ouvriers de nos

ports n'auront plus d'ouvrage!.... Le commerce maritime des Français parviendra-t-il à s'ouvrir quelque autre voie? La politique de M. de Villèle nous autorise à répondre : Non!... cette politique n'a que trop bien secondé le système d'envahissement universel du commerce anglais. L'indépendance de toutes les colonies de l'Amérique continentale, favorisée par l'Angleterre, place ces colonies, à notre égard, dans la même situation que Saint-Domingue : nos cargaisons pourront bien y être admises; mais nous y trouverons cette redoutable concurrence qui nous empêchera d'en tirer profit. Dans les Grandes-Indes, dans les Echelles du Levant, la domination ou les négociations secrètes de l'Angleterre ne nous laissent non plus que des ressources presque nulles. Ajoutons à ce tableau la perspective de l'anéantissement du peu de colonies qui nous restent, et demandons maintenant s'il y a là quelque avantage pour notre marine?

Quelle différence si le Gouvernement français se fût décidé à reprendre possession de Saint-Domingue par la force des armes, et s'il eût entrepris sa restauration!... Alors on eût assuré pour long-temps l'emploi d'un grand nombre de bâtiments marchands; et l'activité donnée à notre marine militaire, par de fréquentes missions, par d'imposantes stations dans des ports à *nous*, n'eût pas manqué de rendre à notre pavillon une partie au moins de son ancien lustre.

Quatrième objection.

M. de Villèle a fait beaucoup de bruit de la nomination d'une foule d'agents diplomatiques, consuls, vice - consuls, chanceliers, etc., qui viennent d'être accrédités auprès de la république d'Haïti, et qui déjà sont rendus à leur destination.

Ce résultat, nécessaire sans contredit, de l'indépendance de Saint-Domingue, aura-t-il aussi quelque chose d'avantageux, soit pour la France, soit du moins pour les diplomates français qui ont obtenu l'*honneur* de ces nominations?

Ici, nous sommes tentés de croire que M. de Villèle n'a jamais eu, ou bien qu'il a perdu le sentiment de certaines convenances qui vont se trouver grièvement blessées dans la position où il place les employés dont nous parlons : car ce sentiment seul devoit suffire, suivant nous, pour lui faire rejeter la malheureuse pensée de reconnoître l'indépendance de Saint-Domingue.

Nous pourrions laisser deviner les observations que nous avons à faire sur la position très-embarrassante où vont être nos agents diplomatiques, accrédités près de la république d'Haïti ; mais

M. de Villèle ne devine rien ; expliquons-nous donc, et forçons-le de nous comprendre.

Les habitants actuels de Saint-Domingue, les *propriétaires* du sol, en vertu de l'ordonnance du 17 avril, ne sont plus que des nègres et des mulâtres. Toutes les autorités civiles et militaires de la république sont composées de cette espèce d'hommes. Nos missionnaires diplomatiques sont des blancs, des Français, compatriotes des anciens colons massacrés ou violemment expulsés. Nous aimons à nous persuader qu'on ne les a point choisis parmi ce qui nous reste de vieux révolutionnaires, dont la plupart

Ont su se faire un front qui ne rougit jamais.

Eh bien ! qu'on se figure ce qu'ils auront à souffrir d'humiliations et de désagrémens de tout genre, dans un tel pays, dans leurs rapports journaliers et indispensables avec un Gouvernement qui les regardera toujours comme suspects, qui fera épier leurs démarches, et qui, dans les cérémonies publiques, affectera de compromettre leur caractère ! Nous pouvons en juger dès à présent par ce que nous rapportions, il y a quelques jours, de la réception faite, dans la ville des *Cayes* (partie du sud de Saint-Domingue), à un sieur Raguenau qui y débarquoit en qualité de consul français, et qui s'est trouvé sans doute dans la nécessité de tenir un langage auquel nous aurons toujours de la peine à nous habituer. Il nous paroît malheureux dans ses missions, ce sieur Raguenau. Nous le voyons actuellement obligé de fraterniser à Saint-Domingue avec des nègres ré-publicains ; nous l'avons vu, pendant nombre d'années, subir, près d'une puissance barbaresque, les avanies du plus vil despotisme !

Mais ces agents que nous venons d'envoyer à Saint-Domingue, sont-ils mariés? ont-ils des enfants? ont-ils emmené avec eux leurs femmes et leurs filles?... Combien alors nous les plaindrions davantage !..... Il faudra nécessairement que ces dames et demoiselles françaises entretiennent des relations de société avec les *dames* du pays, sur-tout avec les femmes des principaux chefs. Si, dans ces relations, elles prennent l'attitude que leur donnera naturellement la supériorité de leur éducation et de leur usage du monde, elles exposeront leurs maris et leurs pères à mille vexations qui ne leur seront pas épargnées à elles-mêmes. Si, au contraire, elles se contraignent pour rester au-dessous d'une ci-devant duchesse de *Marmelade* ou d'une ci-devant comtesse de *Limonade*, dans ce cas, quel moyen de suppor-ter toujours une telle contrainte?..... Supposons maintenant qu'un chef, nègre ou mulâtre, demande en mariage la fille d'un consul français : que fera l'infortuné père ? Refusera-t-il ? Un refus pourroit attirer de grands malheurs sur lui et sur sa famille. Fuira-t-il ? abandonnera-t-il sa place et son état ? Il n'en aura peut-être pas la possibilité. Consentira-t-il au mélange de son sang avec le sang africain ?....

Et si ces agents français sont tous célibataires, contracteront-ils des alliances avec la population du pays où leurs fonctions les forcent de résider ? Oublieront-ils les sages ordonnances de nos rois, qui défendoient ces sortes de mariages ? Ils ne seront retenus par le frein d'aucune loi nouvelle ; ils s'autoriseront peut-être *de quelque exemple récent ;* ils reviendront en France, au bout de quelques années, répandre dans la capitale et dans les départements le *sang mêlé* d'une génération qui, à son tour, altérera de plus en plus la pureté de la race des blancs.

C'en est assez ; M. de Villèle doit nous avoir compris.

Un dernier mot pourtant sur ce point. Nous voulons dire qu'indépendamment des humiliations et des autres inconvénients graves que nous venons de signaler, nos agents diplomatiques et tous les Français qui oseront s'établir à Saint-Domingue, comme marchands ou courtiers de commerce, y auront sans cesse l'épée de Damoelès sur la tête; c'est-à-dire, qu'ils risqueront à chaque instant d'être égorgés dans un mouvement insurrectionnel. Et plus leur nombre s'augmentera, plus la catastrophe deviendra probable; car la méfiance à leur égard s'augmentera dans la même proportion.

Cinquième objection.

Enfin, il est un autre rapport sous lequel nous devons prévoir que l'indépendance de Saint-Domingue ne peut avoir, pour la France, qu'un fâcheux résultat.

M. de Villèle, en présentant à la Chambre des Députés, le 11 février dernier, son projet de loi sur la répartition de l'indemnité stipulée en faveur des anciens colons, a dit ce qui suit : « Lorsque le traité de Paris, du 30 mars 1814, stipula la restitution de plusieurs de nos anciennes colonies de la part des puissances qui les possédoient, rien de semblable ne put être conclu à l'égard de Saint-Domingue, qui n'étoit au pouvoir d'aucune de ces puissances; mais « elles re-
» connurent au Roi le droit de ramener sous son
» autorité les habitants de cette colonie, même
» par la voie des armes ; un engagement fut pris
» par elles de n'y pas mettre obstacle, etc. »
Nous avions donc le droit bien reconnu de re-

prendre possession de Saint-Domingue; nous avions la certitude de n'éprouver aucun obstacle de la part de l'Angleterre... Qu'avons-nous fait? Nous avons laissé onze années s'écouler, sans user de ce droit. Par cette blâmable temporisation, par cet aveu tacite d'une foiblesse qui pourtant n'existoit que dans le cœur de nos ministres, nous avons ranimé l'audace des révoltés; et ceux-ci n'ont pas craint de fomenter l'insurrection dans d'autres colonies: de là plusieurs complots à la Jamaïque, à la Barbabe et ailleurs. Ces complots ont reçu un commencement d'exécution; mais heureusement les gouverneurs anglais sont parvenus à les étouffer.

S'il en eût été autrement; si*, par exemple, la Jamaïque fût devenue à son tour le théâtre du massacre et de l'incendie, croit-on que l'Angleterre n'eût pas voulu nous rendre responsables d'un tel désastre? Le Gouvernement britannique n'eût pas manqué de nous dire: « Nous étions liés par le traité de Paris; à vous seuls appartenoit le droit de soumettre Saint-Domingue par la force des armes, et de l'empêcher de compromettre plus long-temps la sûreté des colonies d'alentour: vous nous devez satisfaction et dédommagement pour ne l'avoir pas fait. » Souvent il n'a fallu qu'un motif beaucoup moins grave pour une déclaration de guerre.

Voilà ce qui auroit pu arriver. Voici maintenant ce que nous voyons dans l'avenir :

Nous avons renoncé à notre droit de souveraineté sur Saint-Domingue ; cette île reste désormais indépendante. Eh bien ! le sujet d'alarme n'en subsiste pas moins pour toutes les autres colonies des Antilles ; nous pouvons même dire, et nous l'avons déjà prouvé, que l'exemple de cette indépendance augmente le péril. Les complots continueront. Quel parti doit prendre alors le Gouvernement britannique pour la sûreté de ses colonies ? A la première tentative de révolte qui s'y manifestera, ce Gouvernement déclarera Saint-Domingue en état de blocus, et nous interdira toutes relations avec elle ; peut-être même, si cela lui convient, il lui fera la guerre, et s'en emparera comme en 1795 : alors il vouloit s'en emparer pour la conserver à la France ; aujourd'hui ce sera pour son propre compte.

Nous récrierons-nous contre une telle *mesure de sûreté ?* « Vous avez grand tort, nous répondront les ministres de S. M. britannique : il vous a plu de rendre Saint-Domingue indépendante ; ne vous mêlez donc plus de ce qui la regarde. Quant à nous, vous nous avez déliés des engagements contractés par le traité de Paris : cette république noire nous déplaisoit et nous inquiétoit ; nous l'avons traitée en pays ennemi, et nous la possédons aujourd'hui par droit de conquête. » Déclarerons-nous la guerre à S. M. britannique?... Il valoit cent fois mieux la déclarer aux révoltés de Saint-Domingue, pour éviter d'*être ainsi dupes de la politique de M. Canning!*...

Une chose actuellement évidente pour quiconque y réfléchira, c'est que le projet, mis à exécution par l'ordonnance du 17 avril, nous vient de Londres. M. Canning a pu seul imaginer ce moyen de sortir de la gêne où le tenoit le traité de Paris. L'idée de l'indépendance de Saint-Domingue sort de la même source que celle de la réduction des rentes. Ajoutons que M. de Villèle, qui n'a pas su en prévoir les conséquences, s'est probablement décidé à la proposer comme sienne, parce qu'il étoit bien aise de donner un gage de sa faveur aux libéraux, dont le parti applaudit à la déclaration de l'indépendance de Saint-Domingue, quant au fond, et ne la blâme que sous le rapport de la forme.

Telles sont nos observations sur les résultats que doit avoir cette mesure. En les publiant, nous ne pouvons guère nous flatter que M. de Villèle y réponde article par article; jamais il ne s'engage sur le terrain d'un combat sérieux. Comment a-t-il répondu, dans la séance du 9 mars, au discours de M. le comte de La Bourdonnaye, si fort de doctrines et d'exemples tirés de l'histoire?

« Défendez donc l'honneur, la sûreté, l'intérêt du pays; faites de la diplomatie, de la politique extérieure, avec de semblables théories! »

Il nous semble que les théories de MM. de La Bourdonnaye, de Berthier, Hyde de Neuville, Agier, etc., etc., et les nôtres même, valent mieux que la pratique de M. de Villèle ! Encore une fois, nous en appelons à la Chambre des Pairs.

QUATRIÈME ARTICLE. — *Du* 15 *avril* 1826.

Nous terminerons notre discussion sur l'ordonnance du 17 avril 1825, et sur le projet de loi qui en est la suite, par l'examen de cette *quatrième question* : «A-t-on fait, à l'égard des anciens colons de Saint-Domingue, ce qu'exigeaient la justice et le respect pour le droit sacré de propriété? »

Question peut-être plus digne encore que les précédentes, d'exciter l'intérêt de nos lecteurs; car les malheurs affreux qui accablent depuis tant d'années les colons de Saint-Domingue, recommandent leur cause à la sollicitude et à la commisération de tous les cœurs français!

Voyons d'abord si l'on a voulu être juste envers ces infortunés colons.

Pour montrer l'intention d'être juste, n'auroit-il pas fallu les consulter avant de traiter avec leurs spoliateurs, et s'assurer s'ils consentiroient au sacrifice énorme qu'on vouloit leur imposer? N'au-roit-il pas fallu appeler les plus marquants d'entre eux à ce comité formé par M. de Villèle, pour disposer arbitrairement de leurs propriétés?.... Or, tout a été délibéré et arrêté à leur insu.

Non-seulement on ne les a point consultés; mais encore, lorsque, avertis par la clameur publique des résultats de la mission confiée à M. de Makau, ils ont cru devoir faire des représentations, on n'en a tenu aucun compte. Nous avons entre les mains un exemplaire imprimé de la pétition qu'ils ont adressée à la Chambre des Députés, et sur laquelle il n'y a pas même eu de rapport; et il est bien certain que M. de Villèle, dans les discours qu'il a prononcés à la tribune de la Chambre des Députés, n'a pas articulé un seul mot sur les plaintes et sur les réclamations des colons.

Non-seulement on ne les a ni consultés, ni écoutés; mais encore on a cherché, par d'étranges récriminations, à faire entendre que, s'ils sont aujourd'hui plongés dans le malheur, c'est pour subir le châtiment des cruautés dont ils se rendirent coupables dans le temps de leur bonne fortune!.... Et, qui le croiroit? ces récriminations viennent de M. de Villèle, de lui, qui a long-temps habité une colonie française, qui a été géreur de la propriété d'un colon, qui a fait travailler les nègres esclaves, et qui sait mieux que personne à quoi s'en tenir sur les déclamations philosophiques des Raynal et des Grégoire!.... Ce n'est pas sans une extrême surprise que nous avons lu ce passage du discours de M. de Villèle, inséré dans le *Moniteur* du 10 mars : « Tel est le triste résultat des discordes intestines, que les violences appellent les violences; les deux partis aux prises en sont bientôt à n'avoir plus rien à reprocher dont ils ne puissent être accusés à leur tour. Ce n'est pas à nous à rappeler le détail des horreurs dont Saint-Domingue fut le théâtre à diverses époques! etc. »

Que signifie donc ce langage?

M. de Villèle a-t-il voulu parler du régime sous lequel vivoient, avant la révolution, les nègres esclaves, de ce régime successivement établi et perfectionné par les édits de nos rois? Dans ce cas, nous pourrions lui demander s'il juge des traitements que les habitants de Saint-Domingue exerçoient envers leurs nègres, par ceux que l'on put faire subir aux nègres de l'île de Bourbon; et si, au contraire, il pense que les habitants de Saint-Domingue avoient moins d'humanité que ceux d'une autre colonie, nous lui dirons qu'il se trompe; nous le lui dirons en connoissance de cause, nous qui visitâmes Saint-Domingue à une époque où le sage régime du *Code noir* y étoit en honneur, et qui vîmes qu'on pouvoit y faire aux nègres de tous les habitants l'application de ce proverbe rappelé par M. Agier, dans son discours du 7 mars : *Heureux comme un nègre Galifet.*

M. de Villèle a-t-il voulu parler de ce qui s'est passé à Saint-Domingue depuis la révolution, soit au milieu des troubles enfantés par les décrets de la Convention nationale, soit, plus tard, après le débarquement des troupes envoyées par Buonaparte? Ce seroit une barbare dérision que de reprocher ces affreux événements à des hommes qui en furent constamment victimes! Nous n'aurions d'autre réponse à faire que celle qui est faite par les colons eux-mêmes dans la pétition ci-dessus mentionnée : « *La France avoit déchaîné les vents;* et vous voulez rendre responsables des orages et des tempêtes qu'ils ont excités, ceux qui en ont été les déplorables victimes!... Examinez avec calme et impartialité la triste série des événements qui nous ont accablés, vous verrez que notre cause est celle du malheur, et qu'elle mérite tout l'intérêt d'une mère-patrie dont les écarts et les fautes nous ont perdus. »

Voilà pourtant les dispositions de bienveillance et de justice dont M. le président du conseil des ministres étoit animé, lorsqu'il a pris sur lui de se rendre l'arbitre souverain de la destinée des colons de Saint-Domingue! Mais peut-être auroit-il été juste, sans montrer l'intention de l'être!... C'est ce qu'il s'agit maintenant d'examiner.

M. de Villèle a dit que l'indemnité de *cent cinquante millions*, stipulée en faveur des anciens colons de Saint-Domingue par l'ordonnance du 17 avril, représente la *valeur actuelle de leurs propriétés, et le dixième de l'ancienne valeur.* Mais d'après quel principe de justice a-t-il fixé l'indemnité sur une telle base? Par le mot *indemnité*, on entend nécessairement la réparation du dommage souffert, l'équivalent de la chose perdue. C'est ainsi qu'on l'entendoit, par exemple, lorsqu'il fut question de déterminer le montant de l'indemnité due aux émigrés, et à d'autres Français dont les biens avoient été révolutionnairement confisqués. A quelques exceptions près, que nous sommes loin d'approuver, cette indemnité fut égale à la valeur qu'avoient les biens *au moment de la dépossession*, puisqu'on prit pour base de l'estimation vingt fois le prix des baux de 1790. Pourquoi donc ne donner aux colons de Saint-Domingue que le dixième de l'ancienne valeur de leurs biens? N'ont-ils pas à notre justice les mêmes droits que les émigrés? N'ont-ils pas, comme eux, été ruinés, expropriés de fait par la révolution? N'ont-ils pas, comme eux, versé leur sang pour la défense des institutions de la monarchie? Pourquoi donc cette différence dans le dédommagement?... Et quelle différence! car enfin le *dixième* accordé aux colons de Saint-Domingue par la justice de M. de Villèle, réduit leur indemnité, par comparaison, aux *deux vingtièmes* de retenue qu'il s'est réservés sur celle des émigrés!...

Que sera-ce maintenant, si nous démontrons que les *cent cinquante millions* dont M. de Villèle veut que les colons de Saint-Domingue se contentent, ne représentent même pas le dixième de l'ancienne valeur de leurs biens, et qu'à cet égard il s'est trompé de plus de moitié? Nous aurons besoin de chiffres pour cette démonstration : les chiffres ne sont pas des fleurs d'éloquence; mais ils ont l'avantage de convaincre l'esprit en frappant les yeux, et tous les faux raisonnemens cèdent à leur pouvoir.

On lit dans la pétition des colons de Saint-Domingue que la valeur de leurs propriétés foncières s'élevoit à près de *quatre milliards*. Peut-être cette évaluation aura-t-elle paru exagerée : nous ne craignons pas d'assurer qu'elle est au-dessous de la réalité; et, pour le prouver, nous allons faire ici le calcul dont le rédacteur de la pétition s'est dispensé, parce que sans doute il ne croyoit pas qu'on pût élever de contestation sur une chose si facile à vérifier.

Il y avoit dans la partie française de Saint-Domingue, en 1790, *neuf mille habitations* que les propriétaires exploitoient par divers genres de culture. Ces habitations étoient d'une importance plus ou moins considérable, selon l'étendue des terres, la grandeur des bâtiments, la nature des usines, le nombre des chevaux, mulets, bêtes à cornes, etc. Celles du premier rang, les *sucreries*, formoient la masse principale de la richesse des colons : la moindre d'entre elles ne s'estimoit pas au-dessous de 500,000 fr. ; on en citoit beaucoup qui représentoient un capital de 2 et 3,000,000 fr., indépendamment du prix des nègres esclaves. Venoient ensuite les *caféteries*, *indigoteries*, *cotonneries*, etc. : celles-ci valoient de 100,000 à 1,000,000 fr. Prenons pour terme moyen la somme de 300,000 fr., comme valeur de chacune de ces neuf mille habitations, nous aurons une somme totale de 2,700,000,000 fr., ci . . . . . 2,700,000,000 fr.

A la même époque, on comptoit dans cette colonie six cent mille nègres ou mulâtres. Faisons une large part à l'affranchissement : ne comp-

A reporter.... 2,700,000,000 fr.

Ci-contre... 2,700,000,000 fr.

tons que cinq cent mille esclaves. Ces esclaves, de tout
âge, figuroient sur les inven-
taires des propriétés pour des
sommes proportionnées aux
services qu'ils pouvoient rendre, depuis 500 fr. jusqu'à 4
et 5,000 f. : 2,000 f. pris pour
terme moyen nous donneront
un total de 1,000,000,000 fr.
ci.   1,000,000,000

Passons aux maisons des
villes et des bourgs. Leur nombre n'étoit pas au-dessous de
trente mille ; mais retran-
chons-en cinq mille, comme
appartenant aux affranchis :
il en restera ving-cinq mille.
Presque toutes ces maisons
étoient fort belles, et à la plupart tenoient de vastes maga-
sins : nous ne les porterons
certainement pas à leur juste
valeur, en ne les estimant qu'à

A reporter... 3,700,000,000 fr.

> *D'autre part...*   3,700,000,000 fr.
> raison de 25,000 fr. chacune,
> terme moyen ; ce qui ajoute
> à la masse déjà calculée
> 625,000,000, fr., ci.   625,000,000
>
> _______________________
>
> Total. . . 4,325,000,000 fr.
> _______________________

Ainsi la valeur des propriétés foncières des anciens colons de Saint-Domingue se montoit à *quatre milliards trois cent vingt-cinq millions.*

Le revenu de cet énorme capital, en l'évaluant au taux ordinaire du produit des immeubles dans nos colonies, c'est-à-dire à 7 et demi pour 100, devoit être de 375,000,000 fr. ; mais n'en parlons ici qu'à raison de 5 pour 100 : cette évaluation donneroit 216,250,000 fr.

On voit donc que les 150,000,000 fr. de M. de Villèle, loin de représenter le dixième de l'ancienne valeur des biens-fonds dont les colons de Saint-Domingue restent expropriés, ne représentent qu'à peu près les deux tiers d'une année de revenu, à 5 pour 100 ; ce qui ne fait pas même un vingtième du capital !....

M. de Villèle se trompe encore bien plus, lorsqu'il dit que ces 150,000,000 fr. représentent la valeur actuelle des biens-fonds que possédoient autrefois les colons de Saint-Domingue. La valeur actuelle de ces propriétés ne peut pas être estimée au-dessous du tiers de l'ancienne valeur : elle pourroit être justement estimée à près de moitlé ; car il reste le sol, une grande partie des anciens esclaves, un nombre plus ou moins grand d'habitations encore en rapport, et presque toutes les maisons des villes et bourgs. Or, le tiers seulement de l'ancienne valeur seroit de 1,441,666,666 fr. Ce qu'on appelle l'indemnité de 150,000,000 fr. ne représente donc guère que le dixième de la valeur actuelle, puisque 150,000,000 fr. ne font que le dixième de 1,500,000,000 fr.

Tel est le résultat de notre raisonnement par *chiffres*, et nous ne craignons pas qu'on puisse en contester l'exactitude.

Dès-lors, il nous est permis de demander quelle est donc la justice de M. de Villèle, quel est donc son respect pour le droit sacré de propriété ?... Les anciens colons, propriétaires du sol et des établissements de Saint-Domingue, sont *indemnisés* de leurs pertes par une misérable somme qui autrefois ne faisoit pas leur revenu d'une année ! Les esclaves révoltés deviennent propriétaires du même sol et des mêmes établissements, en payant le *dixième* de leur valeur actuelle, le *trentième* de leur ancienne valeur !.... Jamais l'histoire des peuples civilisés montra-t-elle l'exemple d'une semblable violation de tous les sentiments d'honneur et d'équité?....

Mais, dit M. de Villèle, que vouliez-vous donc qu'on fît de plus en faveur des colons de Saint-Domingue?.... Ces colons diront-ils au Roi : « Levez des impôts, équipez des flottes, faites marcher des armées; car nous avons un droit de propriété méconnu dans telle partie du globe : vous y avez des droits de souveraineté, *allez les exercer*, afin que nous puissions exercer nous-mêmes ceux qui nous intéressent (1). »

Les colons n'auroient pas l'irrévérence de tenir un tel langage en s'adressant au Roi; mais ils diroient très-respectueusement à Sa Majesté, comme ils le disent aux Chambres dans leur pétition : « Sire, nous avions fondé la belle colonie de Saint-Domingue, et nous l'avions ensuite placée sous la protection de la France. Nos capitaux et notre industrie l'élevèrent bientôt à un degré de splendeur qu'il est rare de voir les choses humaines atteindre dans un laps de temps aussi court. La marine, le commerce et l'industrie de la France; ses villes maritimes, ses manufactures, sa population même, tout éprouvoit l'influence vivifiante de ce nouveau véhicule., ajouté à tous

(1) Discours de M. de Villèle, *Moniteur* du 10 mars.

les moyens de prospérité que possédoit déjà la mère-patrie..... La révolution de 1789 a frappé des mêmes coups la France et Saint-Domingue!... L'heureuse restauration de 1814 a replacé la légitimité sur le trône. Dès-lors, nous devions nous flatter que l'autorité royale redeviendroit à notre égard une autorité protectrice, comme elle l'étoit avant la révolution; et le traité de Paris sembloit nous le promettre..... Sire, Votre Majesté, dans sa haute sagesse, juge-t-elle aujourd'hui qu'il est impossible de soumettre les révoltés de Saint-Domingue par la force des armes? Nous subirons, sans murmurer, la terrible conséquence de l'abandon que vous faites de vos droits de souveraineté; nous abandonnerons nos droits de propriété. Mais, puisque le cœur de Votre Majesté a senti que, dans ce cas, une indemnité nous étoit due, nous osons réclamer contre l'insuffisance de celle que vos ministres nous offrent. »

Or, nous croyons avoir présenté des considérations assez frappantes sur l'insuffisance des *cent cinquante millions* offerts comme indemnité aux anciens colons de Saint-Domingue.

Mais, objecte-t-on, si cette indemnité n'est que de 150 millions, c'est parce qu'il n'a pas été possible d'obtenir une plus forte somme du gouvernement de la république d'Haïti.

Eh! où étoit donc la nécessité de traiter avec

cette république, et de lui concéder l'indépendance, à des conditions si onéreuses pour les légitimes propriétaires du sol et des établissements de notre ancienne colonie?

M. de Villèle répond que l'ordonnance du 17 avril 1825 a été rendue en considération de l'immense avantage que doit procurer à la France le nouveau commerce qui va s'établir entre elle et la république indépendante d'Haïti.

Si cet avantage est véritablement tel que le suppose M. de Villèle, la France ne manquera pas de voter des remercîments à l'habile ministre qui le lui aura procuré; mais les anciens colons de Saint-Domingue n'ont-ils pas le droit de se plaindre de ce même ministre, lorsqu'il fait une abnégation complète de leurs intérêts, pour ne s'occuper que de ceux de la mère-patrie?

Nous avons fait voir quelle est l'illusion de cet avantage promis à la France : l'avenir justifiera notre incrédulité. Toutefois, si nous étions dans l'erreur, il faudroit d'autant mieux reconnoître le droit que les colons ont de se plaindre.

Or, ils se plaignent en effet; et, admettant comme incontestable le profit que la France doit trouver dans le commerce ouvert avec la république d'Haïti, voici en quels termes ils s'ex-

priment dans leur pétition à la Chambre des Députés : « Souffrirez-vous, Messieurs, souf-
» frirez-vous froidement et sans commisération
» que la perte de nos dernières espérances et
» l'expropriation d'une classe de vos concitoyens
» acquittent seules les frais d'un traité qui, rou-
» vrant à la France toutes les sources de sa
» prospérité, termine encore une guerre entre
» elle et son ancienne colonie? Au milieu des
» nouvelles richesses qui vont affluer dans vos
» ports, se répandre dans vos provinces les plus
» éloignées, et en appeler la population au tra-
» vail, à l'industrie et au bonheur, verrez-vous
» d'un œil sec nos larmes et notre misère? et
» pourriez-vous dissimuler à votre justice, à votre
» propre délicatesse, que la mort seule, si vous
» ne veniez pas à leur secours, termineroit l'in-
» digence de ceux que l'on dépossède de ces
» mêmes terres, dont les produits vont être des-
» tinés à augmenter vos ressources, et qui y
» avoient placé légalement et à prix d'argent
» les bras africains qui les fertilisent encore?
» Ah! Messieurs, vous êtes Français, et il ne
» faudroit plus croire à la générosité, à l'hon-
» neur français, si vous ne vous empressiez de
» réparer autant qu'il est en vous les incon-
» vénients et les suites d'une disposition si pro-

» fitable à la France, mais si funeste pour
» nous (1) ! »

Les malheureux colons adressent aujourd'hui
la même plainte à la Chambre héréditaire; ils conjurent les nobles Pairs de *venir à leur secours*,
« en rejetant provisoirement le projet de loi sur
» la répartition de l'indemnité de 150 millions,
» en suppliant le Roi de vouloir bien ordonner
» à ses ministres de soumettre aux Chambres une
» proposition, pour qu'il soit suppléé par la
» France à l'insuffisance de cette indemnité de
» 150 millions que Sa Majesté a imposée aux ha-
» bitants actuels de Saint-Domingue, en faveur
» des anciens colons (2). »

Nous ne craignons pas de recommander nous-mêmes cette cause à toute la sollicitude des
nobles Pairs. Il ne s'agit point d'esprit de parti,
ni d'opposition systématique à l'égard des ministres; il s'agit de justice et d'humanité, il
s'agit de l'honneur de notre pays!....

Hélas! les ministres et leurs aveugles amis
s'efforcent de faire entendre au Roi que les résultats de l'ordonnance du 17 avril immortali-

---

(1) Pétition des colons de Saint-Domingue à la Chambre
des Députés, pages 16 et 17.

(2) *Ibid.* page 20.

seront son règne, et lui mériteront les bénédictions du monde entier!.... Tel est, sans aucun
doute, le vœu de notre Monarque chéri ; sa
grande âme est avide d'une belle renommée!....
Si pourtant on le trompoit! Si l'inflexible histoire devoit marquer du sceau de l'improbation
cet acte de son gouvernement! Si les justes doléances des colons de Saint-Domingue finissoient
par étouffer le concert d'éloges que font entendre
en ce moment quelques flatteurs !....

Mais achevons de démontrer que ces doléances
ne sont que trop fondées, et que les colons ne
disent que trop vrai, quand ils exposent *qu'ils
sont entièrement expropriés, et que la mort
seule, si l'on ne vient à leur secours, pourra les
mettre à l'abri de la plus profonde misère.*

Il arrivera de deux choses l'une : ou les
150 millions promis par le gouvernement d'Haïti
ne seront pas payés, et, dans ce cas, les colons
ne toucheront rien ; ou le gouvernement d'Haïti
remplira son engagement, et, dans ce cas encore,
les colons n'auront rien à toucher. Ce dilemme
peut paraître étrange ; mais nous nous ferons
facilement comprendre.

En premier lieu, nous dirons que toutes les
probabilités se réunissent pour faire croire que le
gouvernement d'Haïti ne paiera jamais les 150 mil-

lions. Nous avons déjà parlé dans un précédent article du peu de stabilité d'un tel gouvernement, qui peut être renversé d'un moment à l'autre par une révolution semblable à celle qui l'a produit. Mais, quand le président Boyer vivrait quatre ans encore en paisible jouissance de son autorité précaire, pourra-t-il remplir les conditions de l'ordonnance du 17 avril? Ces conditions sont de payer les 150 millions dans l'espace de cinq années, et par cinquième d'année en année. Chaque cinquième, formant une somme de 30 millions, doit être versé à Paris, dans la caisse des dépôts et consignations, le 31 décembre de l'année échue. Or, la première échéance arrivoit le 31 décembre 1825 : nous sommes au 15 avril 1826, et les 30 millions de cette première échéance *ne sont pas encore versés à la caisse des dépôts et consignations!* Le président Boyer n'a point d'argent : à la bonne heure; mais en aura-t-il un peu plus tard? Il empruntera : soit encore; mais l'emprunt qu'il a voulu faire pour se procurer les premiers 30 millions, n'a pas réussi, malgré toute la faveur dont M de Villèle a soutenu cette opération; et dès-lors que faut-il augurer des autres emprunts qui suivront celui-là? Le mulâtre Boyer n'a donc ni argent ni crédit! Peu lui importe : avec des promesses il a fait proclamer son indépendance!.... Mais la chambre des com-

munes et le sénat d'Haïti viennent de reconnoître par des actes solennels la dette de 150
millions. Belle garantie vraiment ! Peut-être avant
six mois, il n'y aura dans l'île d'Haïti ni sénat
ni chambre des communes; et d'ailleurs, quels
moyens les colons auront-ils de faire valoir cette
garantie ?... Enfin, les colons ne peuvent pas espérer, à ce qu'il paroît, que le paiement des
150 millions leur soit garanti par la France.
Nous avions d'abord pensé que cette espérance
leur restoit; mais M. de Villèle a eu grand soin
de déclarer dans ses discours que la stipula-
tion de l'indemnité à payer par le gouvernement
d'Haïti, étoit *sans aucune garantie de la part de
la France*, qui pourtant dispose de la propriété
des colons arbitrairement, et sans même les avoir
consultés !... Ainsi donc, nous avons raison de soutenir que les colons ne toucheront rien, si le
mulâtre Boyer leur fait banqueroute.

En second lieu, veut-on que cette banqueroute ne soit pas à craindre? Veut - on même
considérer les 150 millions comme déjà versés
à la caisse des dépots et consignations? Fort bien !
mais nous allons prouver que, dans cette hypo-
thèse, il ne reviendroit rien non plus aux colons,
parce que les 150 millions seroient absorbés par
les réclamations de leurs créanciers.

Ici, ce que nous dirons ne sera qu'une conséquence de ce qui a été dit plus haut sur l'erreur considérable commise par M. de Villèle dans l'évaluation qu'il lui a plu de faire de l'ancienne valeur des biens-fonds de Saint-Domingue.

Si les 150 millions représentoient en effet le *dixième* de cette ancienne valeur, il y auroit une sorte de justice à réduire, comme on l'a fait, au dixième les droits que les créanciers pourront exercer, par oppositions, sur le montant de l'indemnité allouée à chaque colon.

Etablissons pour exemple le compte à faire entre un colon qui avoit une fortune de *deux millions*, et ses créanciers, dont les titres se monteroient ensemble à *un million*. Ce colon recevroit comme indemnité, à raison du dixième de sa fortune, une somme de deux cent mille francs, ci. . . . . 200,000 fr.

Les créanciers toucheroient, dans la même proportion, ... 100,000 fr.

Par conséquent, il resteroit au débiteur. . . . . 100,000 fr.

Mais, comme il résulte de nos précédents calculs que les colons n'auront guère au-delà d'un *trentième* de l'ancienne valeur de leurs biens, il ne faut plus compter l'indemnité dont nous parlons que pour. . . . . 6o,ooo fr.

Le dixième des créanciers sera toujours de . . . . 1oo,ooo fr.

On voit donc qu'il y aura, au préjudice des créanciers, un *déficit* de. . . . . 4o,ooo fr.

On voit aussi que le malheureux colon cité pour exemple, loin de toucher quelque chose de l'indemnité, devra encore ces 4o,ooo fr., et demeurera insolvable.

Et telle sera la position de presque tous les autres; car on en compte bien peu parmi eux qui ne doivent au moins la moitié de la valeur de leurs anciennes propriétés, soit pour engagements contractés avant l'époque des désastres de Saint-Domingue, soit pour les prêts qui leur ont été faits depuis cette époque.

Vainement prouveront-ils à la Commission chargée de l'examen de leurs réclamations, qu'on ne leur alloue qu'un *trentième* de leur véritable fortune, au lieu du dixième calculé par M. de Villèle; les commissaires répondront : « Nous som» mes bien forcés de voir que vous avez raison ; » mais s'il falloit vous accorder ce que vous ré» clamez, les 15o millions seroient employés avant

» que nous eussions fait la moitié de notre répar-
» tition. »

Voilà les déplorables conséquences de la légè-
reté, pour ne rien dire de plus, avec laquelle
M. de Villèle a statué, de son autorité privée, sur
le sort des anciens colons de Saint-Domingue, qui,
répétons-le, n'ont été ni consultés ni entendus!

Puisse la Chambre des Pairs éprouver le sentiment d'intérêt et de pitié dont nous sommes
profondément pénétrés! Puisse-t-elle, sinon réparer, du moins modérer une aussi grande injus-
tice, en adoptant le moyen ci-dessus indiqué!
Les colons, voués désormais sans retour à l'in-
fortune qu'ils supportent déjà depuis si long-
temps, ne demandent pas une indemnité complète,
comme l'ont obtenue les émigrés ; ils demandent
seulement qu'on leur accorde *en réalité* le dixième
de la valeur des immeubles qu'ils ont perdus ;
ils demandent que la France leur assure ce
dixième, d'abord en se rendant garante du
paiement des 150 millions mis à la charge du
gouvernement d'Haïti, et ensuite en y ajoutant
200 millions pour son propre compte. L'indemnité
seroit alors de 350 millions, et encore ne repré-
senteroit-elle pas le dixième intégral, puisque
350 millions ne sont que le dixième de *trois milliards cinq cents millions.*

Que la Chambre daigne considérer l'excès de

désespoir auquel les pétitionnaires se trouveront réduits, s'ils sont condamnés à subir dans toute sa rigueur *l'arbitrage* de M. de Villèle !

Ceux qui habitent la France perdront le misérable secours de *trois cents francs* par tête, que leur donnoit annuellement le ministère de l'intérieur, car on leur dira : *vous êtes indemnisés.*

Ceux qui, depuis leur fuite de Saint-Domingue, vivent aux Etats-Unis, à la Louisiane, dans l'île de Cuba, et dans d'autres lieux outremer, où, par leur industrie, ils se sont créé de foibles ressources, vont venir à Paris pour la liquidation d'une indemnité dont ils ne soupçonnent probablement pas la décevante apparence. Après avoir fait les frais d'un long voyage, ils reconnoîtront qu'ils n'ont poursuivi qu'une ombre : ils n'auront rien à recevoir, pas même ce qui leur seroit nécessaire pour retourner sur la terre hospitalière qu'ils auront abandonnée !

Les uns et les autres resteront absolument sans moyens d'existence ; et alors *la mort seule,* ainsi qu'il est dit dans la pétition, *pourra mettre fin à leur misère !...* Ils mourront comme les anciens habitants de l'Acadie !... Ceux-ci du moins ne maudissoient, en expirant, que les Anglais qui les avoient dépouillés de leurs biens par une odieuse violation du traité d'Utrecht : les habitants de Saint-Domingue donneront-ils des bénédictions à un ministre français qui a violé à leur égard tous les droits les plus sacrés?..... Ils mourront! mais en portant vers le trône un dernier regard d'amour et de soumission, et en disant, comme le gladiateur de Rome : *Cæsar, te morituri salutamus*.....

FIN.